PREMIÈRE VENTE

Après Décès de M. CHAUMONT, Antiquaire

Le Mardi 19 Décembre 1899

A DEUX HEURES

HOTEL DROUOT — SALLE N° 9

DE

PORCELAINES ET FAIENCES

ANCIENNES

FRANÇAISES ET ÉTRANGÈRES

DE

Vincennes, Sévres, Chantilly, Mennecy, Saint-Cloud,
Saxe, Tournai, Nymphenbourg,
Louisbourg, Venise, Worcester, Chine, Japon,
Marseille, Strasbourg, Moustiers,
Aprey, Sceaux, Delft, Hispano-Mauresque, etc.

MEUBLES ET VITRINES

M° G. DUCHESNE	M. CAILLOT
COMMISSAIRE-PRISEUR	EXPERT
Rue de Hanovre, n° 6	Rue Lafayette, n° 17

EXPOSITION PUBLIQUE

Le Lundi 18 Décembre 1899

De 1 heure 1/2 à 5 heures 1/2

PARIS — 1899

CONDITIONS DE LA VENTE

—

Elle sera faite au comptant.

Les acquéreurs paieront CINQ CENTIMES PAR FRANC en sus des adjudications.

Aucune réclamation ne sera admise une fois l'adjudication prononcée.

MAULDE, DOUMENC et Cⁱᵉ, imp. de la Cⁱᵉ des Commissaires-Priseurs, rue de Rivoli, 144.   400—85533

PREMIÈRE VENTE

Après décès de M. CHAUMONT, Antiquaire

Le Mardi 19 Décembre 1899

A DEUX HEURES

HOTEL DROUOT — SALLE N° 9

PORCELAINES ET FAIENCES

ANCIENNES

MEUBLES ET VITRINES

EXPOSITION PUBLIQUE

Le Lundi 18 Décembre 1899

De 1 heure 1/2 à 5 heures 1/2

Mᵉ G. DUCHESNE	M. CAILLOT
COMMISSAIRE-PRISEUR	EXPERT
Rue de Hanovre, n° 6	Rue Lafayette, n° 17

IMPRIMERIE MAULDE ET RENOU

—

MAULDE, DOUMENC & Cie

IMPRIMEURS DE LA COMPAGNIE DES COMMISSAIRES-PRISEURS

Rue de Rivoli, 144

DÉSIGNATION

—

ANCIENNES PORCELAINES FRANÇAISES

1 — **Sèvres.** Soixante et une Pièces en ancienne porcelaine pâte tendre, décor polychrome de bouquets de fleurs au centre; au marli, enroulements de fleurs et feuillages :

> Trente-huit Assiettes plates;
> Neuf Assiettes creuses;
> Quatre Compotiers carrés;
> Quatre Compotiers ronds;
> Deux Coquilles;
> Deux Sucriers ovales avec plateaux,
> Et deux Raviers. *(Vente Sichel.)*

2 — **Vincennes.** Petit Cache-Pot porcelaine tendre, décor polychrome de bouquets de fleurs, monture métal sur trois pieds.

3 — **Sèvres.** Deux Compotiers à bords contournés, porcelaine tendre, décor polychrome de bouquets de fleurs.

4 — **Vincennes.** Un Compotier à vannerie et

bords dentelés, en porcelaine tendre, décor polychrome de fleurs.

5 — **Sèvres.** Tasse à deux anses et Soucoupe en pâte tendre, décor de fleurs camaïeu bleu.

6 — **Sèvres.** Petite Jardinière de forme ovale, en porcelaine tendre, décor polychrome de fleurs. Monture bronze.

7 — **Sèvres.** Beurrier à plateau adhérent, de forme oblongue, en porcelaine pâte tendre, décor polychrome de bouquets de fleurs.

8 — **Sèvres.** Saucière à deux anses en porcelaine tendre, décor polychrome de bouquets de fleurs.

9 — **Sèvres.** Pot à crème sur trois pieds en porcelaine pâte tendre, décor polychrome de bouquets de fleurs.

10 — **Sèvres.** Sucrier à sucre en poudre, de forme ovale, et son plateau en porcelaine tendre, décor polychrome de bouquets de fleurs.

11 — **Vincennes.** Cache-Pot porcelaine pâte tendre, décor polychrome composé de deux médaillons de bouquets de fleurs sur fond jaune.

12 — **Vincennes.** Tasse de forme lobée et sa Soucoupe, décor polychrome de fleurs.

13 — **Sèvres.** Plateau de forme oblongue, décor polychrome de bouquets de fleurs en ancienne porcelaine pâte tendre.

14 — **Vincennes.** Ravier forme bateau, en ancienne porcelaine tendre, décor de bouquets détachés.

15 — **Chantilly.** Deux Tasses, feuilles en relief sur trois pieds porcelaine tendre, décor polychrome de fleurs et insectes.

16 — **Chantilly.** Tasse à café et Soucoupe en porcelaine tendre, décor polychrome de bouquets de fleurs.

17 — **Chantilly.** Théière en porcelaine tendre, décor polychrome de branchages fleuris et insectes. Marque au cor de chasse.

18 — **Chantilly.** Deux Sucriers à quatre lobes et leurs plateaux, en porcelaine tendre, décor coréen. Marque au cor de chasse.

19 — **Chantilly.** Pot à eau en porcelaine tendre, décor polychrome coréen.

20 — **Chantilly.** Vingt-six Assiettes à bords contournés, le marli à vannerie, porcelaine tendre, décor polychrome de bouquets de fleurs.

21 — **Chantilly.** Deux Cache-Pots formant paire, à anses formées par des coquilles, décor à l'épi en camaïeu bleu. Ancienne porcelaine tendre. Marque au cor de chasse.

22 — **Chantilly.** Cache-Pot de forme cylindrique,

avec anses formées par des lézards, décor polychrome coréen. Porcelaine pâte tendre.

23 — **Chantilly.** Tasse forme chope, à décor polychrome coréen. Ancienne porcelaine tendre.

24 — **Mennecy.** Tasse à café et sa Soucoupe en
porcelaine pâte tendre, décor polychrome de
bouquets de fleurs.

25 — **Mennecy.** Étui à aiguilles forme cylindre,
décor en relief en porcelaine tendre blanche.

26 — **Mennecy.** Boîte ovale forme panier, en por-
laine tendre blanche, à bouquets de fleurs en
relief.

27 — **Mennecy.** Tabatière rectangulaire à vannerie, en porcelaine tendre, décor polychrome
de bouquets de fleurs.

28 — **Mennecy.** Bonbonnière ovale forme panier,
en porcelaine tendre, décor polychrome de
bouquets de fleurs.

29 — **Mennecy.** Six Pots à pommade de diffé-
rentes dimensions, porcelaine tendre, décor de
fleurs en camaïeu bleu.

30 — **Saint-Cloud.** Deux Pommes de canne en
porcelaine tendre, décor de fleurs, lambrequins
et chinois en camaïeu bleu.

31 — **Saint-Cloud.** Deux Tasses sans anses, en
porcelaine tendre, à godrons blancs; décor
analogue au précédent.

32 — **Saint-Cloud.** Six Tasses à café et Soucoupes en porcelaine tendre, à godrons, décor d'ornements et pendentifs en camaïeu bleu.

33 — **Saint-Cloud.** Sucrier et Plateau porcelaine tendre, à godrons, décor de lambrequins en camaïeu bleu.

ANCIENNES PORCELAINES ÉTRANGÈRES

34 — **Saxe.** Fourneau de pipe, décor coréen polychrome.

35 — **Saxe.** Deux Étuis à vannerie, décor polychrome de personnages et fleurs.

36 — **Saxe.** Tabatière rectangulaire en émail, décor de fleurs en camaïeu violet.

37 — **Saxe.** Dessus de brosse, décor polychrome et or de personnages chinois et ornements.

38 — **Saxe.** Tabatière en émail à sujet de personnages et ornements polychromes. Monture en bronze doré.

39 — **Saxe.** Petit Vase à anses, forme marmite, sur trois pieds, décor polychrome de fleurs sur fond vert d'eau.

40 — **Saxe.** Figurine de paysan bourrant sa pipe.

41 — **Saxe.** Figurine de seigneur oriental en robe verte.

42 — **Saxe.** Petite Poule couvant. Décor au naturel.

43 — **Saxe.** Figurine de Pâris tendant la pomme. Décor polychrome et or.

44 — **Saxe.** Deux Figurines de jardinier et jardinière, décor polychrome.

45 — **Saxe.** Groupe composé d'Hercule terrassant le taureau de Crète, sur terrasse rocaille.

46 — **Saxe.** Compotier avec marli à vannerie et fleurs en relief en polychrome, au fond, bouquets de fleurs.

47 — **Saxe.** Petit Plateau en forme de feuille à anse, décor polychrome de fleurs.

48 — **Saxe.** Ravier en forme de feuille avec anse, décor polychrome de bouquets de fleurs.

49 — **Saxe.** Dix-huit Pièces : six Couteaux, six Fourchettes et six Cuillers cuivre doré avec manches en ancienne porcelaine, décor polychrome Louis XV.

50 — **Saxe.** Compotier dentelé et côtelé, décor polychrome de fleurs.

51 — **Saxe.** Ravier, décor polychrome de bouquets de fleurs.

52 — **Saxe.** Ravier en forme de feuille, décor polychrome de bouquets de fleurs.

53 — **Saxe.** Plateau en forme de feuille, décor

polychrome de bouquets de fleurs au fond, au marli, fleurs et feuillages en relief blanc.

54 — **Saxe.** Ecritoire composée d'un plateau de forme rectangulaire et de deux godets carrés, décor polychrome de bouquets de fleurs.

55 — **Saxe.** Beurrier de forme ovale sur plateau rond adhérent, décor polychrome de bouquets de fleurs.

56 — **Saxe.** Soupière de forme octogonale à anses formées par des cornes d'abondance d'où s'échappent des fleurs en relief ; décor polychrome de bouquets de fleurs.

57 — **Tournai.** Trente-cinq Assiettes plates à bords contournés, marli à côtes tournantes, porcelaine tendre, décor polychrome d'oiseaux et fleurs. *(Vente Sichel.)*

58 — **Tournai.** Deux Sucriers à sucre en poudre de forme ovale et leurs plateaux, décor de fleurs et oiseaux en camaïeu bleu.

59 — **Tournai.** Deux Pots à crême avec vannerie, décor de fleurs en camaïeu bleu.

60 — **Nymphenbourg.** Plateau ovale côtelé, décor polychrome de bouquets de fleurs.

61 — **Louisbourg.** Plateau oblong, marli ajouré, décor polychrome de fleurs.

62 — **Zurich.** Assiette à marli gaufré à décor polychrome de paysage.

63 — **Venise.** Tabatière ovale en porcelaine tendre : Paysages et Marines, décor polychrome ; l'intérieur est décoré de deux personnages. Monture en cuivre doré.

64 — **Venise.** Deux petits Vases forme tulipe à anses, décor vert et rose.

65 — **Venise.** Vide poche, forme coquille en pâte tendre, décor polychrome de fleurs.

66 — **Venise.** Petit Sucrier ovale à lobes, décor polychrome de sujets militaires et fleurs. Marque à l'Ancre.

67 — **Worcester.** Beurrier rond à oreilles verticales et son plateau en porcelaine tendre, décor de bouquets de fleurs, cartouches et quadrillés en camaïeu bleu.

68 — **Worcester.** Deux Corbeilles ovales, ajourées, en porcelaine tendre, décor de bouquets de fleurs en camaïeu bleu.

69 — **Chelsea.** Petit Flacon en forme de poire, bouchon or avec cercle garni de grenats, porcelaine tendre.

70 — **Chelsea.** Petit Carlin formant flacon, porcelaine tendre.

ANCIENNES PORCELAINES ORIENTALES

71 — **Chine. Compagnie des Indes.** Tabatière rectangulaire, décor polychrome de personnages et paysages. Monture en argent.

72 — **Chine. Compagnie des Indes.** Deux Bou-geoirs, anses formées par des branchages, décor polychrome de bouquets de fleurs.

73 — **Chine.** Boîte à épices, forme ovale à deux compartiments, avec couvercle à charnière, décor polychrome de la famille verte.

74 — **Chine.** Grosse Potiche avec couvercle; décor en camaïeu bleu de fleurs, feuillages, arbustes et quadrillés. Hauteur totale o^{m},55.

75 — **Chine.** Deux grands Cornets, décor poly-chrome de personnages et fleurs. Hauteur o^{m},5o.

76 — **Chine.** Deux grands Cornets, décor de paysages et arbustes en camaïeu bleu. Hau-teur o^{m},5o.

77 — **Chine.** Bouteille à long col, décor poly-chrome avec imbrications rouges. Monture en bronze doré.

78 — **Chine.** Deux Vases, forme balustre, à deux anses, en gris craquelé; les anses de l'un des vases sont formés par des lézards.

79 — **Chine.** Vase, forme balustre. Scène d'un campement et arbuste en décor polychrome.

80 — **Chine.** Cornet, forme balustre, avec inscrip-tion en or sur fond bleu.

81 — **Chine.** Vase, forme rouleau, décor de paysages grisaille et personnages polychromes.

82 — **Chine. Compagnie des Indes.** Vase. forme balustre, avec couvercle, décor polychrome de personnages et ornements.

83 — **Chine.** Deux Potiches, décor polychrome, dans le goût de la famille verte. *(Pièces pouvant former pendant.)*

84 — **Chine.** Aiguière, forme casque, et son plateau ovale à cannelures, décor polychrome de la famille verte.

85 — **Chine.** Drageoir, forme coquille, décor polychrome de la famille verte.

86 — **Chine.** Deux Compotiers ronds, décor polychrome de la famille rose.

87 — **Chine.** Deux Compotiers à neuf dents, décor polychrome de la famille rose.

88 — **Chine.** Cinq Assiettes à marlis ajourés, décor polychrome à personnages de la famille verte.

89 — **Chine.** Deux Plateaux à huit lobes, de la famille rose, décor polychrome de fleurs, oiseaux et quadrillés.

90 — **Chine.** Jardinière, de forme ronde, en ancienne porcelaine, décor polychrome d'animaux chimériques, de fleurs et ornements.

91 — **Chine.** Deux Plats en ancienne porcelaine, décor polychrome. Scènes d'intérieur chinois. Diamètre 0^m,40.

92 — **Japon.** Sucrier, décor bleu, rouge et or.

93 — **Japon.** Cinq pièces : trois Potiches couvertes et deux Cornets, décor polychrome bleu, rouge et or.

94 — **Japon.** Hanap, décor de fleurs et ornements bleu, rouge et or.

95 — **Japon.** Deux très grandes Potiches, formant paire, avec couvercles surmontés d'une chimère, décor bleu, rouge et or. Hauteur totale 0^m,83.

96 — **Japon.** Potiche et Cornet superposé, décor bleu, rouge et or. Monture en bronze. Hauteur 0^m,75.

97 — **Japon.** Deux Cache-Pots à anses, décor en camaïeu bleu de fleurs et ornements.

ANCIENNES FAIENCES FRANÇAISES

98 — **Les Islettes.** Plateau rectangulaire à bord ajouré, décor polychrome chinois.

99 — **Marseille.** Deux Plats à bords contournés, décor de paysages et personnages.

100 — **Marseille.** Deux Plats ovales à bords contournés, décor analogue au précédent.

101 — **Marseille.** Deux Assiettes, même décor.

102 — **Marseille.** Deux Compotiers analogues.

103 — **Niderwiller.** Tabatière, décor polychrome de bouquets de fleurs.

104 — **Niderwiller.** Écritoire avec Plateau adhérent de forme rectangulaire, décor polychrome de fleurs. Marque Decustine.

105 — **Strasbourg.** Corbeille ajourée, de forme oblongue, décor polychrome d'un bouquet de fleurs.

106 — **Strasbourg.** Trois Pièces : Deux Fourchettes et un Couteau avec manches, décor polychrome de Joseph Hanong.

107 — **Strasbourg.** Deux Cache-pots côtelés, à bords découpés, décor chinois en polychrome.

108 — **Strasbourg.** Cinq Pièces : Une Assiette plate et quatre Assiettes creuses, décor de jolis bouquets de fleurs de Joseph Hanong. Signé H.

109 — **Strasbourg.** Cinq Plats ronds, même décor de Joseph Hanong. Signés H.

110 — **Moustiers.** Assiette à bords contournés, décor camaïeu bleu dans le goût de Berain.

111 — **Moustiers.** Six Manches de couteau, décor polychrome grotesque d'après CALLOT, dont un signé OLERY.

112 — **Rouen.** Cache-Pot cylindrique à oreilles plates, décor polychrome à la corne.

113 — **Nevers.** Gourde de forme aplatie, avec godrons à la partie inférieure, décor en camaïeu bleu de fleurs, oiseaux et ornements.

114 — **Aprey.** Deux Jardinières à deux anses, de forme oblongue à bords découpés, décor de sujets chinois en polychrome.

115 — **Samadet.** Corbeille ronde ajourée, décor polychrome de sujets chinois.

116 — **Sceaux.** Plat oblong à bords contournés ; le fond décoré d'une barque fleurie sur l'eau ; au marli, bouquets de fleurs.

ANCIENNES FAIENCES ÉTRANGÈRES

117 — **Delft.** Potiche côtelée, décor d'oiseaux, ornements et lambrequins en camaïeu bleu.

118 — **Delft.** Potiche côtelée, décor de corbeilles fleuries et ornements en camaïeu bleu.

119 — **Delft.** Petite Potiche, décor de lambrequins, fleurs et oiseaux en camaïeu bleu.

120 — **Delft.** Plaque ovale en hauteur, décor polychrome à oiseaux et arbustes fleuris.

121 — **Delft.** Plaque forme étoile à huit pointes, décor de sujet chinois en camaïeu bleu.

122 — **Pesaro.** Corbeille de forme ronde, ajourée et son plateau, décor polychrome de fleurs.

123 — **Pesaro.** Corbeille ajourée de forme oblongue et son plateau, décor polychrome de bouquets de fleurs.

124 — **Hispano-Mauresque.** Plat à ombilic saillant, décor bleu et jaune métallique sur fond chamois.

OBJETS DIVERS

125 — Figurine de Bouddha assis, en cristal de
de roche.

126 — **Battersea**. Trois Salières trépieds en émail,
décor polychrome de fleurs sur fond blanc.

127 — **Battersea**. Petite Boîte ovale en émail,
décor polycrome de fleurs sur fond bleu.

MEUBLES

128 — Grande Bibliothèque Louis XVI en acajou,
Hauteur 2^m,15 ; largeur 1^m,45 ; profond. 0^m,55.

129 — Petit bureau de dame, Bonheur du Jour,
en bois de rose.

130 — Vitrine de milieu, sur table, forme de
pagode chinoise, en bois de fer et glaces.

131 — Toilette Duchesse Louis XVI, en bois de rose
et marqueterie : Vases et attributs de musique.

132 — Grande Vitrine en fer, trois tablettes et
deux demi-tablettes en glaces. Hauteur 2^m,20 ;
largeur 1^m,40 ; profondeur 0^m,52.

133 — Vitrine plate avec table adhérente, à tiroirs
en acajou et moulures de cuivre, style
Louis XVI.

134 — Deux petits Chenets en bronze doré :
Sphinx. Époque Louis XIV.